I0504317

COPYWRITING

AS 10 CHAVES PARA ESCREVER O ANÚNCIO PERFEITO

FAUSTINO GÓMEZ VALERO

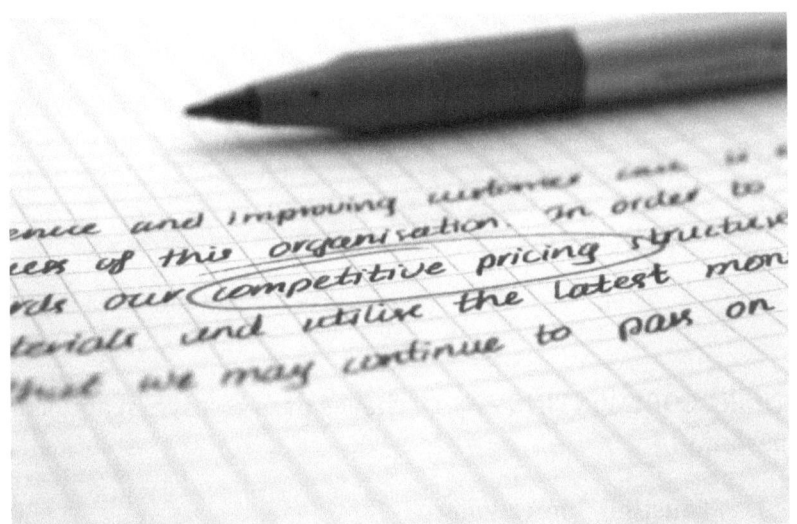

Título: COPYWRITING - As 10 chaves para escrever o anúncio perfeito

2019, Faustino Gómez Valero

1ª edição

Copyright - Todos os direitos reservados.

Não é de modo algum legal reproduzir, duplicar ou transmitir qualquer parte deste documento, seja por meios electrónicos ou impressos. A gravação desta publicação é estritamente proibida e nenhum armazenamento deste documento é permitido a menos que seja obtida permissão por escrito do editor. Todos os direitos reservados.

As informações aqui fornecidas são verdadeiras e consistentes no sentido de que qualquer responsabilidade, em termos de desatenção ou não, por qualquer uso ou abuso das políticas, processos ou instruções nelas contidas é da exclusiva e total responsabilidade do leitor destinatário. Sob nenhuma circunstância o editor será responsável por qualquer reparação, dano ou perda monetária devido às informações aqui contidas, direta ou indiretamente. Os respectivos autores detêm todos os direitos de autor que não estão na posse do editor.

Aviso Legal:

Este livro está protegido por direitos autorais. Isto é apenas para uso pessoal. Você não pode modificar; distribuir, vender, usar, citar ou parafrasear qualquer parte ou conteúdo deste livro sem o consentimento do autor ou proprietário dos direitos autorais. Em caso de incumprimento, será intentada uma acção judicial.

Aviso de Isenção de Responsabilidade:

Observe que as informações contidas neste documento são apenas para fins educacionais e de entretenimento. Todos os esforços foram feitos para fornecer informações completas, precisas, atualizadas e confiáveis. Não existem garantias de qualquer tipo, expressas ou implícitas. Os leitores reconhecem que o autor não está envolvido na prestação de aconselhamento jurídico, financeiro, médico ou profissional.

Ao ler este documento, o leitor concorda que sob nenhuma circunstância somos responsáveis por quaisquer perdas, diretas ou indiretas, incorridas como resultado do uso das informações contidas neste documento, incluindo, mas não limitado a, erros, omissões ou imprecisões.

Tabela de Conteúdos

Porque é que escrevi este livro?

Como empresário e consultor de negócios digitais por muitos anos, tenho visto centenas de empresas e freelancers investir grandes quantidades de tempo e dinheiro no lançamento de negócios online, que eles são então incapazes de fazer rentável devido à sua falta de capacidade de venda.

É inútil se você conseguir configurar a melhor loja online, com os melhores produtos aos melhores preços, se então você não é capaz de obter compradores para o seu site.

Há quem acredite que, ao investir grandes quantias de dinheiro em campanhas publicitárias como os anúncios do Google ou do Facebook, os resultados são garantidos, mas não é esse o caso. Uma enorme campanha publicitária sem os textos correctos do anúncio é como atirar notas de banco para o fogo, pois as suas campanhas só servirão para esbanjar o seu dinheiro.

Com os anúncios certos, eu tenho visto como campanhas de publicidade de apenas um par de euros por dia, com ofertas de apenas alguns centavos por clique, conseguiram dar aos seus criadores resultados espetaculares.

Lembre-se que no marketing, como em outras áreas da vida, a qualidade é mais importante do que a quantidade.

Descubra quais os pontos que farão com que os seus anúncios se destaquem do resto do mercado!

Porque haverias de ler este livro?

Este livro fará com que você mude seu ponto de vista sobre o mundo do marketing em geral, e do marketing digital em particular.

Hoje você pode encontrar milhares de editores na rede dispostos a escrever os textos de seus anúncios e campanhas publicitárias, mas como você sabe que não está jogando dinheiro fora?

Com este livro você vai descobrir o que seus potenciais clientes estão procurando, o que eles querem ver e como você pode despertar neles a necessidade de comprar seus produtos ou serviços.

As vendas são uma arte, e aqui vamos mostrar-lhe os dez mandamentos da arte comercial.

Você tem duas opções para dominar a arte das vendas. A primeira é continuar criando campanhas publicitárias sem sentido, com as quais é impossível obter retornos, e aprender com seus próprios erros. Esta opção, sem dúvida, é a mais lenta e a que lhe custará mais dinheiro.

A segunda opção é comprar este livro por alguns dólares e começar a aplicar nossos conselhos para que suas campanhas publicitárias finalmente comecem a dar os resultados que merecem, ou não.

O QUE É PUBLICIDADE?

É algo a ser considerado como uma obra de beleza ou arte? São slogans inteligentes ou prosa engraçada? O trabalho deve ser julgado por um prêmio ou reconhecimento?

Não é nada disso.

Publicidade é a **capacidade de vendas multiplicada**.

Isso é tudo.

E o propósito da publicidade, ou copywriting, é a **venda impressa**.

O objectivo do trabalho de um redactor é vender. É isso mesmo.

Vender é conseguido pela persuasão com a palavra escrita, como um comercial de televisão que vende (se feito corretamente), persuadindo com imagens e áudio.

Como Claude Hopkins escreveu no seu clássico intemporal, *Publicidade Científica*:

> *"Para entender a publicidade corretamente ou para aprender até mesmo seus rudimentos você tem que começar com a concepção correta. A publicidade é uma arte de vender. Seus princípios são os princípios da arte de vender. Os sucessos e fracassos em ambas as linhas devem-se a causas semelhantes. Portanto, cada pergunta publicitária deve ser respondida de acordo com os padrões do vendedor.*

Vamos enfatizar esse ponto. O único objetivo da publicidade é fazer vendas. É rentável ou não de acordo com as suas vendas reais.

Não é um efeito geral. Não é para manter o teu nome à frente das pessoas. Não é principalmente para ajudar os outros vendedores. Trata-o como um vendedor. Forçando-o a justificar-se. Compare com outros fornecedores. Calcule o seu custo e resultado.

Não aceite desculpas que bons vendedores não fazem. Então não estarás muito enganado.

A diferença está apenas no grau. A publicidade é uma multiplicação da capacidade de vendas. Pode atrair milhares enquanto o vendedor fala com um. Envolve um custo correspondente. Algumas pessoas gastam 10 dólares por palavra num anúncio médio. Portanto, cada anúncio deve ser um super-vendedor.

O erro de um vendedor pode custar pouco. O erro de um anunciante pode custar mil vezes mais. Seja mais cauteloso, mais exigente, portanto. Um vendedor medíocre pode afetar uma pequena parte do seu negócio. A publicidade medíocre afecta todos os seus negócios. "

Estes pontos são tão verdadeiros hoje como eram quando foram escritos há quase cem anos!

Então o objetivo é: **como podemos tornar a nossa publicidade tão eficaz quanto possível?**

A resposta é tentar. Tenta outra vez. E depois tenta mais um pouco.

Se o anúncio A receber uma taxa de resposta de 2% e o anúncio B receber 3%, podemos deduzir que o anúncio B continuará a superar o desempenho do anúncio A em uma escala maior.

No entanto, os testes levam tempo e podem ser dispendiosos se não forem mantidos sob controlo. Portanto, é ideal começar com algumas ideias conhecidas e testadas e trabalhar a partir daí.

Por exemplo, se os testes tiverem demonstrado durante décadas ou mais que a publicidade direccionada supera significativamente o desempenho da publicidade não direccionada (e supera!), então podemos começar com esse pressuposto e continuar a partir daí.

Se sabemos, com base nos resultados dos testes, que criar um anúncio que fala diretamente com um indivíduo é melhor do que abordar as massas (novamente, faz), então faz pouco sentido começar a testar com a suposição de que não o faz. Isto é senso comum.

Portanto, é lógico que conhecer algumas regras ou técnicas básicas para escrever uma cópia eficaz é a coisa certa a fazer. Os resultados dos testes sempre triunfarão sobre tudo, mas é melhor ter um ponto de partida antes do teste.

Então este ponto de partida é a essência deste livro.

As dez dicas aqui expressas foram geralmente testadas ao longo do tempo e são conhecidas por serem eficazes.

Mas não posso enfatizar o suficiente que ao usar essas técnicas, elas devem sempre ser testadas antes de lançar uma grande (e cara) campanha.

Às vezes um pequeno ajuste aqui ou ali é tudo o que é necessário para aumentar drasticamente as taxas de resposta.

E com isso, vamos seguir em frente.....

Nota 1: Concentre-se neles, não em si mesmo.

Quando um potencial cliente lê o seu anúncio, carta, brochura, etc., a única coisa que vai perguntar desde o início é: "O que é que eu ganho com isso?"

E se a tua cópia não te disser, vai cair no lixo mais depressa do que ele consegue ler a manchete.

Muitos anunciantes cometem este erro. Eles concentram-se neles como uma empresa. Há quanto tempo estão no negócio, quem são os seus maiores clientes, como passaram dez anos de pesquisa e milhões de dólares a desenvolver este produto, blá, blá, blá, blá....

Na verdade, esses pontos são importantes. Lembra-te, depois de a deitares fora, a venda está perdida!

Quando você escreve sua cópia, é útil pensar nela como escrever uma carta a um velho amigo. Na verdade, muitas vezes imagino um amigo meu que melhor se encaixa no perfil do meu potencial cliente. O que eu diria para convencer esse amigo a experimentar meu produto? Como eu abordaria as objeções e crenças do meu amigo para ajudar *minha causa?*

Quando escreveres a um amigo, vais usar os pronomes "eu e tu". Quando tentas convencer o teu amigo, podes dizer: "Olha, eu sei que pensas que já experimentaste todos os produtos lá fora. Mas devias saber isso....."

E vai além de escrever na segunda pessoa. Quero dizer, endereçar o prospecto dele como <u>tu</u> dentro da cópia. O fato é que há muitos anúncios bem sucedidos que *não foram* escritos na segunda pessoa. Alguns são escritos na perspectiva da primeira pessoa, onde o escritor <u>me</u> usa. Outras vezes a terceira pessoa é usada, com <u>ela</u>, <u>ele</u> e <u>eles</u>.

E mesmo *que* escrevas na segunda pessoa, isso não significa necessariamente que a tua cópia seja sobre eles.

Por exemplo:

- Como um agente imobiliário, você pode ter certeza de que eu já vendi mais de 10.000 casas e dominei as técnicas de venda.

Mesmo que escrevas na segunda pessoa, ainda te concentras em ti.

Então como te podes concentrar neles? Ainda bem que perguntaste. Uma maneira é....

Nota 2: Enfatize os Benefícios, Não as Características

Quais são as características? Estas são descrições das qualidades que um produto possui.

- O carro XYZ oferece 55 milhas por galão na cidade.
- A estrutura da nossa escada é feita de uma liga de aço leve e durável.
- A nossa cauda está protegida por uma patente.
- Esta base de dados tem um sistema de mineração de dados incorporado.

E quais são os benefícios? São o que essas características significam para as suas perspectivas.

- Poupará dinheiro na gasolina *e reduzirá os* poluentes ambientais quando utilizar o nosso automóvel híbrido de alto desempenho e poupança de energia. Além disso, irá sentir o *impulso* extra quando passar à frente dos carros, graças ao eficiente motor eléctrico, que *eles não têm!*
- A estrutura de aço liga leve e durável significa que você pode levá-la facilmente e usá-la onde a maioria das outras escadas não pode ir, suportando até 800 libras. Não há mais dores nas costas a arrastar aquela escada pesada. E vai durar 150 anos, por isso nunca mais vais ter de comprar outra escada!
- A cola patenteada garante a sua utilização em madeira, plástico, metal, cerâmica, vidro e azulejos...

sem necessidade de limpar e sem ter de voltar a colar... Garantido!

- Você pode ver instantaneamente o panorama geral escondido em seus dados e obter as estatísticas mais complexas sob demanda. Veja sua empresa fazer uma curva de 180 graus em um piscar de olhos, quando você sabe instantaneamente por que está falhando em primeiro lugar! Tudo isso é feito com nosso sistema integrado de data mining, que é tão fácil de usar que meu filho de doze anos o usou com sucesso desde o *primeiro momento*.

Acabei de inventar esses exemplos, mas acho que me entendes.

Por isso: você não escreve para impressionar seu professor de grmática nem para ganhar nenhum prêmio. O único prêmio que você está procurando é que sua cópia supera o controle (sendo o controle a cópia mais vendida até agora), então tome alguma liberdade na gramática, pontuação e estrutura de frases. Você quer que as pessoas leiam e ajam de acordo, não leiam e admirem!

Mas voltando aos benefícios....

Se estivesse a vender um relógio caro, não diria ao seu leitor que o mostrador tem um diâmetro de 2 polegadas e que a correia é feita de couro?

Mostra-lhe como a cara extra-grande vai dizer-lhe as horas num piscar de olhos. Não, senhor! Você não terá que olhar de lado e olhar bobo para todos ao seu redor tentando ler este relógio magnífico. E quanto à maneira como você vai projetar sucesso e carisma quando você usa o belo relógio de ouro com sua pulseira de couro feito à mão? Como o teu amante te achará irresistível quando te vestires para sair, usando o relógio. Ou como o estado e a beleza do relógio vão atrair as senhoras.

A propósito, já repararam que levantei a questão de *não cingir os olhos* como um benefício? Parece-vos um benefício tolo? Não se estiveres a vender a baby boomers ricos que sofrem de visão degradante. Eles provavelmente odeiam quando alguém que estão tentando impressionar os vê de olhos fechados para ler algo. Faz tudo parte do seu desejo interior, que tens de descobrir. E *eles* nem sequer sabem. Isto é, até lhes mostrares uma maneira melhor.

A questão é abordar os benefícios do produto e não as suas características. E quando fazes isso, concentras-te no teu leitor e nos seus interesses, nos seus desejos. O truque é destacar os benefícios específicos (e expressá-los corretamente) que empurram os botões emocionais do seu leitor.

Como é que fazes isso? Continua a ler!

Nota 3: Pressione seus botões emocionais

É aqui que a pesquisa realmente compensa. Porque para carregar nesses botões, primeiro tens de saber o que são.

Ouça esta história primeiro, e vou dizer-lhe o que quero dizer: Era uma vez um jovem que entrou no showroom de um comerciante Chevrolet para ver um Chevy Camaro. Ele tinha o dinheiro e estava pronto para tomar uma decisão de compra. Mas ele não conseguia decidir se queria comprar o Camaro ou o Ford Mustang no concessionário Ford.

Um vendedor aproximou-se dele e logo descobriu o dilema do homem. "Diz-me o que mais gostas no Camaro", disse o vendedor. "- É um carro _rápido_. Gosto dela pela sua velocidade."

Depois de um pouco mais de discussão, o vendedor descobriu que o homem tinha apenas começado a namorar uma bela líder de torcida da faculdade. E o que o vendedor fez?

Simples. Mudou o tom de voz em conformidade, para pressionar os botões que sabia que o ajudariam a avançar na venda. Ele disse ao homem como a nova namorada ficaria impressionada _quando ela chegasse a casa com este carro_. Ele colocou a imagem mental na mente do homem dele e de sua namorada navegando em direção à praia no Camaro. Como todos os seus amigos vão ficar invejosos quando o virem a andar com uma linda rapariga num belo carro.

E de repente o homem viu-o. Ele conseguiu. E o vendedor reconheceu isto e empilhou-o ainda mais. Antes que dês por isso, o homem passou um cheque gordo ao concessionário Chevy, porque o *venderam!*

O vendedor encontrou esses botões e apertou-os como nunca até que o homem percebeu que queria o Camaro mais do que queria seu dinheiro.

Sei o que estás a pensar..... O homem disse que gostava do carro porque era rápido, certo?

Sim, ele fez. Mas inconscientemente, o que ele realmente queria era um carro que impressionasse sua namorada, seus amigos, e em sua mente os fizesse amá-lo mais. Na sua mente, ele equiparava a velocidade à emoção. Não porque quisesse uma quantidade infinita de multas por excesso de velocidade, mas porque pensei que a emoção o tornaria mais atractivo, mais agradável.

Talvez o homem nem se tenha apercebido. Mas o vendedor sim. E eu sabia que botões emocionais carregar para conseguir a venda.

A que devemos a investigação?

Bem, um bom vendedor sabe como fazer o tipo de perguntas que lhe dirão que botões premir na mosca. Quando escreves textos, não tens esse luxo. Portanto, é muito importante conhecer de antemão os desejos, necessidades e desejos das vossas perspectivas por essa mesma razão. Se você não tiver feito sua lição de casa, seu potencial cliente decidirá que ele preferiria manter seu dinheiro do que comprar seu produto.

Lembre-se, copywriting é uma **venda de impressões digitais!**

Já foi dito muitas vezes: as pessoas não gostam de ser vendidas.

Mas eles gostam de fazer compras.

E eles compram com base na emoção, em primeiro lugar. Então eles justificam a sua decisão logicamente, *mesmo depois de terem sido vendidos emocionalmente.* Portanto, certifique-se de respaldar seu tom emocional com lógica para alimentar essa justificativa no final.

E já que estamos nisso, vamos falar por um momento sobre o que percebemos em uma carta de vendas. Muitos mais anunciantes conservadores decidiram que não gostam do hype, porque consideram que o hype é uma notícia antiga, que está lá mas que os seus clientes não vão cair no hype, que já não é credível.

O que eles devem perceber é que a própria publicidade não vende bem. Editores menos experientes muitas vezes tentam compensar a sua falta de pesquisa ou não entendem completamente o seu mercado-alvo ou o próprio produto, adicionando toneladas de adjetivos e advérbios e pontos de exclamação e letras grandes em negrito.

Mas se fizeres bem o teu trabalho, não tens de o fazer.

Isso não significa que alguns advérbios ou adjetivos não tenham seu lugar... só se forem usados com moderação, e só se *avançarem na venda*.

Mas eu acho que você concordaria que apoiar sua cópia com provas e credibilidade será muito mais convincente para convencer suas perspectivas do que apenas palavras poderosas. Digo *palavras poderosas*, porque há certos advérbios e adjetivos *que* provaram fazer a diferença quando incluídos. Isto em si não é um exagero. Mas se forem repetidas com demasiada frequência, perdem eficácia e retiram (pelo menos na mente do seu potencial cliente) a prova.

O que nos leva à nossa próxima dica.....

Nota 4: Incorporando Evidência e Credibilidade

Quando o seu potencial cliente lê o seu anúncio, você quer ter certeza de que ele cria quaisquer reivindicações que você faz sobre o seu produto ou serviço. Porque se houver alguma dúvida na mente dele, ele não vai morder, não importa quão doce seja o acordo. Na verdade, a mentalidade de *"bom demais para ser verdade"* virtualmente garante uma venda perdida... mesmo que tudo seja verdade.

Então o que você pode fazer para aumentar a *percepção* de credibilidade? Porque afinal, é a percepção que temos de abordar desde o início. Mas, é claro, você também deve certificar-se de que sua cópia é precisa e verdadeira.

Aqui estão alguns métodos experimentados e testados que o ajudarão:

- Se você está lidando com clientes existentes que já sabem que você está entregando, enfatize essa confiança. Não os deixes descobrir. Fá-los parar, enfiar-lhes as cabeças e dizer: -Oh, sim. A ABC nunca me magoou antes. Posso confiar neles.
- Inclua depoimentos de clientes satisfeitos. Certifique-se de colocar nomes completos e locais, quando possível. Lembra-te, S.A. é muito menos credível que Andy Sherman, Voorhees, NJ. Se você também pode incluir uma foto do cliente e um título profissional, isso é ainda melhor. Não importa que seus depoimentos não sejam de alguém famoso ou que seu

21

potencial cliente não conheça essas pessoas pessoalmente. Se você tiver suficientes testemunhos convincentes, e eles forem credíveis, é muito melhor não incluí-los em absoluto.

- Tempere sua cópia com fatos de pesquisa e descobertas para apoiar suas reivindicações. Certifique-se de dar crédito a todas as fontes, mesmo que o fato seja de domínio público, pois uma fonte neutra contribui muito para a credibilidade.

- No caso de uma carta de mala direta ou certos anúncios espaciais onde a cópia é na forma de uma carta de uma pessoa específica, ele ajuda a incluir uma foto dessa pessoa. Mas ao contrário das cartas de imóveis tradicionais e outros anúncios semelhantes, eu colocaria a foto no final perto da sua assinatura, ou a meio da cópia, em vez de no topo onde ela iria diminuir o valor do seu titular. E, se sua carta de vendas *for* de um indivíduo específico, certifique-se de incluir suas credenciais para estabelecer-se como um especialista em seu campo (relacionado ao seu produto ou serviço, é claro).

- Se aplicável, cite quaisquer prêmios ou críticas de terceiros que o produto ou serviço tenha recebido.

- Se já vendeu muitos produtos, diga-lhe. É o antigo proprietário de 10 milhões de pessoas não pode estar errado (eles podem estar, mas seu prospecto provavelmente vai tomar o seu lado na questão).

- Inclua uma política de retornos BIG e *mantenha-se firme!* Esta é uma boa política de negócios. Muitas vezes, oferecer uma dupla garantia de devolução do dinheiro para certos produtos resultará em maiores lucros. Sim, você vai dar mais descontos, mas se você vender três vezes mais produtos do que antes, e você só tem que devolver o dobro do que antes, pode valer a pena, dependendo da sua oferta e do retorno sobre o investimento. Cruzar os números e ver o que faz sentido. Mais importante, *tenta!* Fá-los pensar que não seriam tão generosos com devoluções se não estivessem por detrás do seu produto!

- Se você puder fazer isso, adicionar um endosso de celebridade sempre ajudará a estabelecer credibilidade. Ei, se Abe Lincoln recomendou seu produto e endossa suas reivindicações, deve ser verdade. A ideia é esta.
- Quando isso fizer sentido, use depoimentos de terceiros. O que são depoimentos de terceiros? Aqui estão alguns exemplos de uma cópia de um site que escrevi quando ainda não havia muitos testemunhos de clientes disponíveis:

"O spyware aumentou exponencialmente nos últimos seis meses."

Alfred Huger, Director Sénior de Engenharia, Symantec Security Response (fabricante de software de segurança Norton)

"Basta clicar num banner para instalar o spyware."

Dave Methvin, Director de Tecnologia, PC Pitstop

Um método de implementação é "convencer os usuários a consentir com um download de software que eles acham que precisam absolutamente.

[Paul Bryan, Director, Unidade de Segurança e Tecnologia, Microsoft]

Viste o que eu fiz?

Aceitei nomeações de especialistas nas suas respectivas áreas e coloquei-as do meu lado. Mas certifique-se de obter seu consentimento ou permissão do detentor dos direitos autorais se você tiver alguma dúvida sobre materiais protegidos por direitos autorais como sua fonte.

Note que eu também pressionei um botão emocional: medo.

Foi provado que as pessoas geralmente fazem mais para evitar a dor do que para obter prazer. Então porque não usar essa informação a seu favor?

Revelar um defeito no seu produto. Isto ajuda a aliviar a síndrome demasiado boa para ser verdadeira. Você revela um defeito que não é realmente um defeito. Ou você revela um defeito que é menor, apenas para mostrar que você está sendo honesto sobre as deficiências do seu produto.

Exemplos

> *"Deves estar a pensar que esta raquete de ténis faz milagres e faz. Mas tenho de te dizer, ele tem um pequeno... defeito.*

A minha raquete demora cerca de duas semanas a habituar-me. De facto, quando começas a usá-lo pela primeira vez, o teu jogo <u>vai piorar</u>. Mas se conseguires aguentar-te, verás uma enorme melhoria nas tuas voltas, no jogo da rede, nos servos....". E assim por diante.

Há uma tendência a pensar, com todos os anúncios que hoje nos bombardeiam, que cada anunciante está sempre a pôr o seu melhor pé à frente, por assim dizer. E acho que essa linha de raciocínio está correcta, até certo ponto.

Mas não é refrescante quando alguém se destaca da multidão e é honesto? Em outras palavras, seu leitor começará a acreditar subconscientemente que você está revelando todas as falhas, mesmo que seu melhor pé *ainda* esteja de pé.

Use anotações. Esta é uma breve nota ou carta de uma pessoa em autoridade. Você não precisa de uma celebridade, embora isso também possa aumentar a credibilidade. Uma pessoa com autoridade é alguém bem reconhecido em seu campo (que está relacionado ao seu produto) e é qualificado para falar sobre isso. As notas de elevação podem ser distribuídas como suplementos, em uma página separada, ou mesmo como parte da cópia.

Se você está limitando a oferta com um prazo, certifique-se de que o prazo é real e não muda. Prazos que mudam todos os dias certamente reduzirão a credibilidade. O prospecto será suspeito. Se o seu prazo continuar a mudar, não está a dizer a verdade... Pergunto-me o que mais não estará a dizer a verdade.

Evite os infundados. Falei sobre isso no meu conselho anterior.

Já disse o suficiente.

Nota 5: A Proposta de Venda Única (USP)

Também conhecida como a *posição* de venda única, a *Proposta de Venda Única* (USP) é frequentemente um dos elementos mais incompreendidos de uma boa carta de venda. É o que separa o seu produto ou serviço dos seus concorrentes. Vamos dar uma olhada em algumas propostas de vendas exclusivas para um produto em si:

1. **Preço mais baixo** - Se você tem uma promoção de preço com desconto, gabe-se disso. O Wal-Mart tornou esta USP famosa ultimamente, mas não é algo novo para eles. Na verdade, a venda mais barata existe desde que o próprio capitalismo existe. Pessoalmente, não gosto de guerras de preços, porque há sempre alguém que pode vir e vender mais barato. Então está na hora de uma nova estratégia....

2. **Qualidade Superior** - Se você supera o desempenho do produto da concorrência ou é feito com materiais de maior qualidade, é uma boa aposta que você pode usar esse fato em seu benefício. Por exemplo, compare o gelado Breyers com o gelado do seu concorrente. Da embalagem aos ingredientes saudáveis e superiores, a qualidade é evidente. Pode custar um pouco mais do que o gelado do seu concorrente, mas para o seu mercado, vende.

3. **Serviço Superior** - Se você oferecer um serviço superior à sua concorrência, as pessoas comprarão de você. Isto é particularmente verdade para certos

mercados do sector dos serviços: telefonia, fornecedores de serviços Internet, televisão por cabo, etc.

4. **Direitos exclusivos** - O meu favorito! Se você pode reivindicar legitimamente que seu produto está protegido por uma patente ou copyright, um contrato de licença, etc., então você tem um vencedor para os direitos exclusivos. Se você tem uma patente, até o *Presidente dos Estados Unidos* deve comprá-la de você.

E se o seu produto ou serviço não for diferente do da concorrência? Não concordo, porque há sempre diferenças. O truque é transformá-los numa vantagem positiva para ti. Queres pôr o teu melhor pé à frente. O que podemos fazer neste palco?

Uma maneira é apresentar algo que a sua empresa criou internamente e que nenhuma outra empresa faz. Olhe, há uma razão pela qual a loja de computadores A se oferece para oferecer mais do que o preço do seu concorrente para o mesmo produto em X%. Se você olhar atentamente, os dois pacotes nunca são exatamente iguais. A empresa B oferece um scanner gratuito, enquanto a empresa A oferece uma impressora gratuita. Ou alguma outra diferença. Estão a comparar maçãs com laranjas. Então, a menos que você encontre uma empresa com exatamente o mesmo pacote (você não.... tem cuidado com isso), você não será capaz de coletar.

Mas e se você realmente tiver o mesmo produto à venda que a concorrência?

A menos que o seu potencial cliente conheça o funcionamento interno do seu produto e sua concorrência, incluindo o processo de fabricação, atendimento ao cliente e tudo o mais, então você tem uma pequena licença criativa potencial aqui.

Mas tens de ser honesto.

Por exemplo, se eu disser aos meus leitores que meu produto é revestido a vapor para garantir pureza e limpeza (como latas e garrafas na maioria dos processos de fabricação de cerveja), não importa que a cerveja Joe's Beer faça o mesmo. A falha do Joe em anunciar este facto faz dele um USP aos olhos da sua perspectiva.

Quer mais exemplos de USP?

- Somos a única oficina de reparação de automóveis que *comprará o seu carro* se não estiver 100% satisfeito com o nosso trabalho.
- Entregue em 30 minutos ou não lhe cobraremos nada!
- Nenhuma outra empresa de mobiliário será responsável pelos custos de envio.
- A nossa receita é tão secreta que só três pessoas no mundo a conhecem!

Assim como a maioria das maneiras de aumentar a resposta de cópia, a pesquisa é a chave com a sua USP. Às vezes a sua USP é óbvia, por exemplo, se você tem uma patente. Outras vezes você tem que fazer algum trabalho preliminar para descobrir (ou adaptá-lo ao seu mercado alvo).

É aqui que um pouco de persistência e venda em pessoa compensam.

Deixe-me dar-lhe um exemplo para ilustrar o que quero dizer:

Suponha que a sua empresa vende cadeiras de pufe para crianças. Então você, sendo o vendedor sábio que você é, decide vender estas cadeiras em pessoa para potenciais clientes antes de escrever sua cópia. Depois de completar vinte lançamentos diferentes para o seu produto, você descobre que 75% dos visitantes perguntaram se a cadeira acabaria vazando. Uma vez que as cadeiras são para crianças, é lógico que os pais se preocupem com o facto de os seus filhos saltarem sobre elas, rolarem sobre elas e fazerem tudo o que for possível para quebrar a costura.

Portanto, ao escrever o seu texto, certifique-se de resolver este problema: - Você pode ter certeza de que nossas cadeiras de pouf super-resistente são costuradas em três pontos para garantir o desempenho à prova de vazamentos. Nenhuma outra empresa vai fazer esta garantia em suas cadeiras de pouf!

Nota 6: O Titular

Se você vai fazer apenas uma alteração para aumentar sua taxa de resposta ao máximo, concentre-se no seu titular (você tem um, não tem?).

Porquê? Não sei. Porque há <u>cinco vezes mais</u> pessoas a ler a tua manchete do que todo o teu anúncio. Simplificando, uma manchete é... um anúncio para o seu anúncio. As pessoas não vão parar em suas vidas ocupadas para ler seu anúncio, a menos que você lhes dê uma boa razão para isso. Por isso, uma boa manchete promete algumas notícias e um benefício.

Talvez estejas a pensar, "O que é esta coisa das notícias, dizes tu?

Pensa na última vez que olhaste para o jornal local. Você revisou os artigos, um por um, e ocasionalmente um anúncio pode ter chamado sua atenção. Quais anúncios chamaram mais a sua atenção?

Os que pareciam um artigo, claro.

Aqueles com a manchete que prometeu notícias.

Aqueles que tinham fontes e tipos que se assemelhavam muito às fontes e tipos usados nos artigos.

Aqueles que foram colocados onde os itens foram colocados (ao contrário daqueles que foram colocados em uma página inteira de anúncios, por exemplo).

E aqueles que têm as manchetes mais convincentes que te convenceram de que vale a pena ler a cópia.

A manchete é _tão_ poderosa e _tão_ importante quanto isso.

Vi muitos anúncios ao longo dos anos que nem sequer _tinham_ uma manchete. E isso é um disparate. É o equivalente a deitar dinheiro de publicidade pela sanita abaixo.

Porquê? Não sei. Porque a sua resposta pode aumentar drasticamente não só adicionando uma manchete, mas também tornando essa manchete quase impossível de resistir _para o seu mercado-alvo_.

E essas três últimas palavras são importantes. **_O teu mercado-alvo._**

Por exemplo, dê uma olhada no seguinte título:

AD: As novas luvas de alta tecnologia protegem o utilizador contra resíduos perigosos.

Notícias, e um benefício.

Será uma manchete que vai atrair toda a gente?

Não, e tu não te preocupas com todos.

Mas para alguém que lida com resíduos perigosos, tenho a certeza que gostaria de saber sobre esta pequena jóia.

Esse é o teu mercado-alvo, e é o teu trabalho fazê-los ler o teu anúncio. A tua manchete é a forma como o fazes.

Ok, onde encontras as grandes manchetes?

Você olha para outros anúncios de sucesso (especialmente resposta direta) que resistiram ao teste do tempo. Você está procurando por anúncios que são regularmente publicados em revistas e outras publicações. Como você sabe que eles são bons? Porque se não fizessem o seu trabalho, o anunciante não continuaria a correr repetidamente.

Entrar as listas de discussão de grandes empresas de resposta direta, como Agora e Boardroom, e gravar os pacotes de mala direta.

Você leu o National Enquirer.

Huh? Ouviste bem.

O National Enquirer tem algumas das melhores manchetes do ramo.

Escolha um número recente e verá o que quero dizer. Ok, agora, como você poderia adaptar algumas dessas manchetes para o seu próprio produto ou serviço?

A sua manchete deve criar um sentido de urgência. Deve ser o mais específico possível (por exemplo, $1.007.274,23 em vez de $1 milhão).

O aparecimento das manchetes também é muito importante. Certifique-se de que o tipo utilizado é negrito e grande, e diferente do tipo utilizado na cópia. Geralmente, as manchetes mais longas tendem a ser mais curtas, mesmo quando dirigidas a um público mais conservador.

Escusado será dizer que, quando você usa outras manchetes de sucesso, você as adapta ao seu próprio produto ou serviço.

Nunca copie uma manchete (ou qualquer outro trabalho protegido por direitos autorais) palavra por palavra. Copywriters e agências de publicidade são famosos por processar por plágio. E com razão.

Nota 7: Quanto mais contas, mais vende

O debate sobre o uso de cópias longas versus cópias curtas parece nunca terminar. Ele geralmente é um recém-chegado ao copywriting que parece pensar que o texto longo é chato e, bem.... longo. -Nunca tinha lido tantas cópias, dizem eles.

O fato é que, se todas as coisas são iguais, as cópias longas sempre superam as curtas. E quando digo uma cópia longa, não quero dizer longa e aborrecida, ou longa e sem rumo.

A pessoa que diz que nunca iria ler todo aquele texto está a cometer um grande erro na escrita: está a ser levada pela sua reacção visceral em vez de confiar nos resultados dos testes. Ele está a pensar que ele próprio é a perspectiva. Não, não é. Nunca somos as nossas próprias perspectivas.

Muitos estudos e evidências divisionais têm sido conduzidos no debate da cópia longa versus curta. E o vencedor claro é sempre uma cópia longa. Mas essa é uma cópia longa, relevante e dirigida, em vez de uma cópia longa, aborrecida e não dirigida.

Alguma pesquisa significativa descobriu que os leitores tendem a cair dramaticamente em cerca de 300 palavras, mas não recuam tanto quanto 3.000 palavras.

Se eu estou vendendo um conjunto caro de tacos de golfe e enviando minha cópia longa para uma pessoa que joga golfe ocasionalmente, ou que sempre quis experimentar golfe, eu estou enviando meu campo de vendas para a perspectiva errada. Não é um alvo eficaz. E se uma pessoa que recebe a minha cópia longa não ler além da palavra número 300, ele não estava qualificado para a minha oferta em primeiro lugar.

Não teria importado se tivessem lido a palavra 100 ou a palavra 10.000. Eles ainda não teriam feito uma compra.

Entretanto, se eu emitisse minha cópia longa a um golfista ávido, que comprasse recentemente outros produtos caros do golf pelo correio, pintando lhe uma oferta irresistível, dizendo-lhe como meus clubes farão exame de 10 cursos fora de seu jogo, lerá provavelmente cada palavra. E se eu enviar a minha mensagem correctamente, ele vai comprá-la.

Lembre-se, se o seu potencial cliente está a 3000 milhas de distância, não é fácil para ele fazer-lhe uma pergunta. Você deve antecipar e responder a todas as suas perguntas e superar todas as objeções em sua cópia, se você quiser ter sucesso.

E certifica-te de que não atiras tudo o que conseguires pensar ao sol. Você só precisa incluir tanta informação quanto você precisa para fazer a venda... e nem uma palavra mais.

Se precisar de uma carta de vendas de 10 páginas, que assim seja. Se precisar de um catálogo de 16 páginas, tudo bem. Mas se a carta de vendas de 10 páginas for melhor que o catálogo de 16 páginas, então, é claro, vá com o vencedor.

Isso significa que cada potencial cliente deve ler cada palavra da sua cópia antes de encomendar o seu produto? Claro que não.

Alguns lerão cada palavra e depois voltarão a lê-la. Alguns lerão o título e a manchete, e depois lêem muito do corpo e vão até ao fim. Alguns irão explorar todo o corpo e depois lê-lo novamente. Todas estas perspectivas podem acabar comprando a oferta, mas também podem ter diferentes estilos de leitura.

O que nos leva à próxima dica.....

Nota 8: Escrever para ser digitalizado

Seu design é muito importante em uma carta de vendas, porque você quer que sua carta seja atraente e refrescante para os olhos. Em suma, você quer que o seu potencial cliente pare de fazer o que ele ou ela está fazendo e leia a sua carta.

Se você vir uma carta com margens minúsculas, sem reentrâncias, sem quebras no texto, sem espaços em branco, sem legendas... se você vir uma página com apenas palavras densamente preenchidas, você acha que ele ficará tentado a lê-la?

Não é provável.

Se você tem amplo espaço em branco e margens generosas, frases curtas, parágrafos curtos, legendas e uma palavra em itálico ou sublinhado aqui e ali para enfatizar, você certamente será mais atraente para ler.

Ao ler a sua carta, algumas perspectivas começarão no início e lerão palavra por palavra. Alguns lerão o título e talvez o título, depois lerão o pós-escrito no final da carta e verão de quem é a carta, e então começarão do início.

E algumas pessoas irão rever sua carta, anotando os vários subtítulos estrategicamente colocados por você ao longo de sua carta, e então decidir se vale a pena ler a carta na íntegra. Alguns podem nunca ter lido a carta toda, mas ordenem na mesma.

Tens de escrever para todos eles. Texto longo interessante e convincente para o leitor estudioso, e parágrafos e frases curtos, espaço em branco e legendas.

As legendas são as menores manchetes espalhadas por toda a sua cópia.

Assim sem mais nem menos.

Quando se chega a uma manchete, algumas das manchetes que não chegaram ao tribunal podem ser grandes subtítulos. Uma boa legenda força o seu prospecto a continuar a ler, passando-o do princípio ao fim através de toda a sua cópia, ao mesmo tempo que lhe fornece a cola necessária para manter os prospectos a ler.

Nota 9: A estrutura da AIDAS

Existe uma estrutura bem conhecida para cartas de vendas bem sucedidas, descrita pela sigla *AIDA*.

AIDA significa:

- Atenção
- Juros
- Desejo
- Ação

Primeiro, tens a atenção do teu potencial cliente. Isto é feito com o cabeçalho e o cabeçalho. Se o seu anúncio não captar a atenção do seu potencial cliente, ele falha completamente. O seu prospecto não lê a sua cópia de estrela e não encomenda o seu produto ou serviço.

Então queres construir um forte interesse na tua perspectiva. Queres que continue a ler, porque se eu ler, posso comprar.

Então você canaliza um desejo. Ter um mercado-alvo para isso é fundamental, porque não se trata de criar um desejo onde ele já não existia. O usuário deseja capitalizar sobre um desejo existente, que o possível cliente *pode ou não saber que o usuário já possui.* E você quer que o seu potencial cliente experimente esse desejo pelo seu produto ou serviço.

Finalmente, apresenta um apelo à acção. Você quer que eu pegue o telefone, devolva o cartão de resposta, assista à apresentação de vendas, encomende seu produto, o que for. Você precisa pedir a venda (ou responder, se for esse o objetivo). Não vais querer dar a volta ao arbusto nesta altura. Se a sua carta e a estrutura da AIDA são sólidas e persuasivas, é aqui que apresenta os termos da sua oferta e incita o potencial cliente a agir agora.

Muito se tem escrito sobre a fórmula de redacção da AIDA. Gostaria de acrescentar mais uma letra à sigla: S de Satisfação.

No final, após a venda, você quer satisfazer o seu potencial cliente, que agora é um cliente. Você quer entregar exatamente o que prometeu (ou ainda mais), na data que você prometeu, da seguinte forma que você prometeu. Em suma, você quer dar-lhe todas as razões do mundo para confiar em você na próxima vez que ele lhe vender uma oferta. E é claro que você preferiria que eu não devolvesse o produto (embora se eu devolvesse, você também executaria sua política de devolução *como prometido*).

Seja como for, queres que os teus clientes fiquem satisfeitos. Vai fazer-te ganhar muito mais dinheiro a longo prazo.

Nota 10: Utilize o seu anúncio para aumentar a urgência

Quando a oferta de um produto ou serviço é limitada de alguma forma (por exemplo, vendas limitadas), a economia de base dita que a procura aumentará. Em outras palavras, as pessoas geralmente respondem melhor a uma oferta se acreditarem que a oferta está prestes a ficar indisponível ou restrita de alguma forma.

E, claro, o oposto também é verdade. Se um potencial cliente sabe que seu produto estará disponível quando ele precisar, ele não precisa agir agora. E quando o potencial cliente deixa o seu anúncio de lado, a possibilidade de fechar a venda diminui enormemente.

O seu trabalho, portanto, é conseguir que o seu potencial cliente compre e compre agora.

Usar a escassez para vender é uma óptima maneira de o fazer.

Existem basicamente três tipos de limitações do produto:

1. Limitação de quantidade
2. Limitação no tempo
3. Limitação da oferta

No primeiro método, ao limitar a quantidade, é apresentado para venda um número fixo de produtos. Depois de acabarem, é tudo.

Algumas boas maneiras de limitar a quantidade incluem:

- um número limitado de unidades fabricadas ou obtidas
- vender produtos antigos para criar espaço para novos produtos
- número limitado de artigos esteticamente defeituosos, ou uma venda flash
- apenas um número limitado é vendido para não saturar o mercado

No segundo método, que limita o tempo, um limite de tempo é adicionado à oferta. Deve ser um prazo realista, não um prazo que muda o tempo todo (especialmente em um site, onde o prazo parece ser sempre o mesmo dia à meia-noite...). quando você retornar no dia seguinte, o prazo misteriosamente mudou de volta para o novo dia). Mudar os prazos diminui a sua credibilidade.

Esta abordagem funciona bem quando a oferta ou o preço muda, ou quando o produto/serviço deixa de estar disponível após o prazo.

O terceiro método, que limita a oferta, é feito limitando outras partes da oferta, tais como a garantia, as obrigações ou prémios, o preço, etc.

Quando você usa a venda limitada, você deve se certificar de que cumpre com as suas restrições. Se dizes que só tens 500 produtos para vender, então não vendas 501. Se disser que a sua oferta expira no final do mês, certifique-se de que expira. Caso contrário, a sua credibilidade será afectada. Os prospectos lembrar-se-ão da próxima vez que outra oferta deles vier às suas mãos.

Outra coisa importante a fazer é explicar porque é que a oferta está a ser restringida. Não digas que o preço vai subir daqui a três semanas, mas não lhes digas porquê.

Aqui estão alguns exemplos de boas vendas para ir:

- Infelizmente, não consigo lidar com tantos clientes. Quando a minha quota estiver cheia, não poderei aceitar novos negócios. Então, se você realmente quer fortalecer suas estratégias de investimento e criar mais riqueza do que nunca, você deve entrar em contato comigo o mais rápido possível.
- Lembre-se.... que você deve agir até [data] meia-noite para receber meus 2 bônus. Esses bônus foram fornecidos pela [terceira empresa], e não temos controle sobre sua disponibilidade após esse período.
- Obtivemos apenas 750 destes prémios do nosso fornecedor. Assim que eles se forem, não podemos ter mais até ao próximo ano. No entanto, não podemos garantir que o preço permaneça o mesmo. De facto, devido à procura crescente, o preço deverá duplicar ou triplicar até lá!

Lembram-se quando eu disse antes que as pessoas compram com base nas emoções e depois apoiam a sua decisão de comprar logicamente? Bem, ao usar o take-away selling, essa restrição torna-se parte dessa lógica de compra e venda agora.

Conclusão

Fazes um excelente copywriting, não nasceste. É derivado de resultados de testes comprovados, concebidos para fazer uma coisa e fazê-lo bem: vender.

A publicidade eficaz nem sempre utiliza texto "gramaticalmente correcto". Use frases curtas, fragmentos. Assim sem mais nem menos.

Convence-o a comprar, e a comprar agora. É isso mesmo.

Ele está a falar de benefícios, não de características. Ele vende por excitação e reforça a decisão de comprar logicamente.

Ele pinta um quadro convincente e uma oferta irresistível que força a sua perspectiva a agir e agir agora! E se não o fizer, então deixas cair o anúncio como uma batata quente e vais com um que o faça.

A persuasão eficaz é como o seu melhor vendedor, aquele que continua a bater todos os seus recordes de vendas ano após ano, trabalhando 24 horas por dia, 7 dias por semana, multiplicado por milhares ou milhões. Imagine se o vendedor, aquele que tem resultados comprovados, pudesse multiplicar tanto quanto você gostaria.

Isso seria um marketing eficaz (e rentável)!

E esse é o tipo de marketing comprovado que precisas de empregar.

Sobre o Autor

Faustino Gómez Valero é Engenheiro Técnico em Gestão Informática e Mestre em Criação de Empresas Tecnológicas pela Universidade de Múrcia.

Sua experiência de trabalho de quase 20 anos está intimamente ligada ao mundo da tecnologia e finanças. Ele complementa seus estudos com o título de Assessor Financeiro e Especialização em Big Data pela Universidade da Califórnia, San Diego.

Publicou o seu primeiro livro em 2001 e, embora não tenha publicado mais até 2019, formou-se com os melhores especialistas internacionais nos sectores do investimento financeiro, marketing digital e empreendedorismo.

Ele vive numa cidade tranquila na província de Alicante (Espanha) com sua família.

Faustino é um Nómada e Empreendedor Digital, adora educar e inspirar outros autores e empresários a terem sucesso.

Pode saber mais ou contactar o Faustino através do Linkedin: https://www.linkedin.com/in/faustinogomez/

UMA ÚLTIMA COISA...

Se você gostou deste livro, ou o achou útil, ficaríamos muito gratos se você publicasse uma resenha sobre a Amazon.

Seu suporte nos ajuda muito, e suas críticas nos ajudam a melhorar constantemente para fornecer melhor conteúdo.

Obrigado pelo seu apoio!

www.ingramcontent.com/pod-product-compliance
Lightning Source LLC
Chambersburg PA
CBHW030537220526
45463CB00007B/2870